¿Por qué me parezco a mamá y a papá?

DIRECCIÓN EDITORIAL: Patricia López
COORDINACIÓN DE LA COLECCIÓN: Karen Coeman
CUIDADO DE LA EDICIÓN: Pilar Armida y Obsidiana Granados
REVISIÓN DE CONTENIDOS: Angélica Cervantes y Miguel Quintero
FORMACIÓN: Maru Lucero y Sara Miranda
TRADUCCIÓN: Eva Quintana Crelis y So-yon Yoo

¿Por qué me parezco a mamá y a papá?

Título original en inglés: *Why Do We Take After Mom and Dad?*
(Series TONG 1243 – Science and environment 07)

Texto D.R. © 2008, Myung-gil Lee
Ilustraciones D.R. © 2008, Ye-jung Cho

Editado por Ediciones Castillo por acuerdo con Woongjin Think Big Co., Ltd., Seúl, 110-810, Corea.

PRIMERA EDICIÓN: diciembre de 2010
PRIMERA REIMPRESIÓN: julio de 2013
D.R. © 2010, Ediciones Castillo S.A. de C.V.
Castillo ® y Mundo Mosaico ® son marcas registradas.

Insurgentes Sur 1886, Col. Florida,
Del. Álvaro Obregón,
C.P. 01030, México, D.F.

**Ediciones Castillo forma parte
del Grupo Macmillan**

www.grupomacmillan.com
www.edicionescastillo.com
infocastillo@grupomacmillan.com
Lada sin costo: 01 800 536 1777

Miembro de la Cámara Nacional
de la Industria Editorial Mexicana.
Registro núm. 3304

ISBN: 978-607-463-244-6

Impreso en México/*Printed in Mexico*

¿Por qué me parezco a mamá y a papá?

Texto de Myung-gil Lee

Ilustraciones de Ye-jung Cho

Traducción de Eva Quintana Crelis y So-yon Yoo

CASTILLO

MUNDO MOSAICO

Papá dice que me parezco a él. Mamá dice que me parezco a ella. Yo no sé quién tiene la razón. Cuando miro mis ojos, pienso que se parecen a los de mi papá. Pero cuando veo mi nariz, noto que es muy parecida a la de mi mamá.

¿A quién me parezco?

Me parezco a mi mamá y también a mi papá

Aunque cada persona tiene rasgos que lo distinguen de los demás, todos nos parecemos a nuestros papás.

Nos parecemos a nuestros papás porque heredamos sus genes
Te pareces a tu mamá y a tu papá porque ellos te heredaron sus rasgos físicos. A esto se le llama herencia genética.
Mírate en el espejo: ¿en qué te pareces a ellos?

Y tengo el cabello lacio, como mi papá.

Mis ojos son oscuros, como los de mi papá.

Tengo las orejas de mi mamá.

Las líneas de mis manos son muy parecidas a las de mi papá.

El segundo dedo de mi pie es más largo que los demás. Mi mamá lo tiene igual.

Los miembros de una familia se parecen entre sí
porque comparten los mismos genes
Tu abuelo y tu abuela paternos le transmitieron sus genes a tu papá.
Tu abuelo y tu abuela maternos le transmitieron sus genes a tu mamá.
Tu mamá y tu papá te transmitieron sus genes. Por eso te pareces a ellos.

Abuelo

Abuela

Abuelo

Abuela

Papá

Mamá

La nariz de mi papá es abultada,
como la de mi abuelo.
Los ojos de mi papá son oscuros,
como los de mi abuela.

Los ojos de mi mamá son café
claro, como los de su papá,
y tiene la nariz respingada,
como su mamá.

Yo

Mis ojos son oscuros, como
los de mi papá, y mi nariz es respingada,
como la de mi mamá.

Pero mi papá no se quitó los ojos para
dármelos. Mi mamá tampoco me prestó
su nariz para que yo la usara.
Entonces, ¿cómo puedo tener los mismos
ojos y la misma nariz que ellos?

Tal vez alguien hizo
unos ojos y una nariz
idénticos a los de mis
papás y me los pegó
en la cara.

El responsable

Dentro de ti hay un agente que determina la forma de tus ojos, de tu nariz y del resto de tu cuerpo. Se llama gen y tus papás te lo heredaron.

¿Cómo heredaste los rasgos físicos de tus papás?
Tu mamá y tu papá te transmitieron sus rasgos físicos a través de sus genes. La mitad de tus genes te los dio tu mamá y la otra mitad te los dio tu papá.

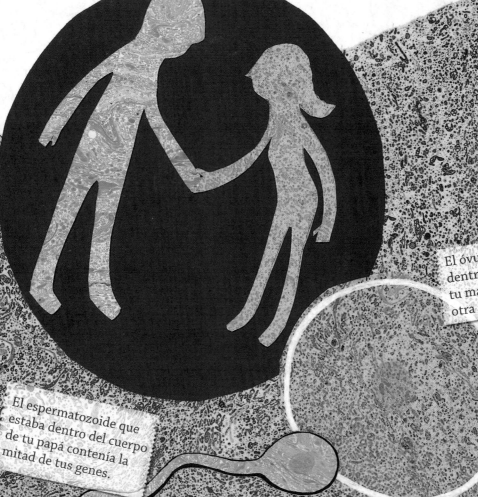

El óvulo que estaba dentro del cuerpo de tu mamá contenía la otra mitad.

El espermatozoide que estaba dentro del cuerpo de tu papá contenía la mitad de tus genes.

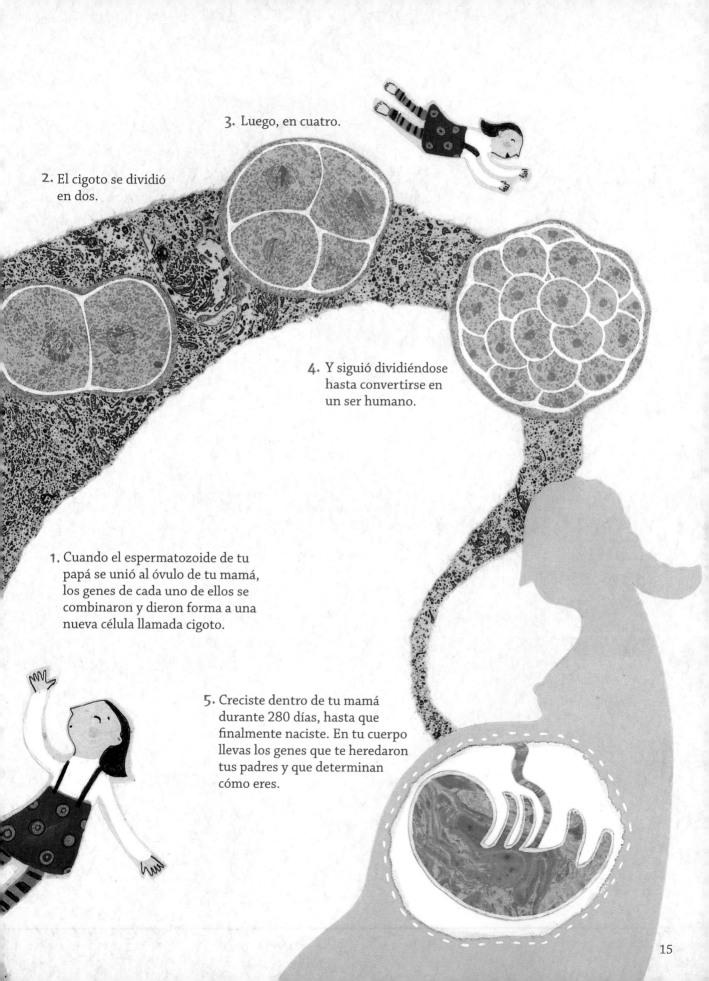

3. Luego, en cuatro.

2. El cigoto se dividió en dos.

4. Y siguió dividiéndose hasta convertirse en un ser humano.

1. Cuando el espermatozoide de tu papá se unió al óvulo de tu mamá, los genes de cada uno de ellos se combinaron y dieron forma a una nueva célula llamada cigoto.

5. Creciste dentro de tu mamá durante 280 días, hasta que finalmente naciste. En tu cuerpo llevas los genes que te heredaron tus padres y que determinan cómo eres.

Si la mitad de mis genes son de mi
mamá y la otra mitad son de mi papá,
entonces una mitad mía debería de ser
igual a mi papá y la otra, igual a mi mamá.
¡Pero yo no me veo así!

Tienes mis ojos
y por eso eres
hermosa.

Serías más hermosa si te hubieras parecido más a mí.

¿Por qué la mitad de mi cuerpo no es igual al de mi mamá y la otra mitad no es igual al de mi papá?

Algunos genes son más fuertes que otros

Los genes se organizan en parejas. Un gen viene de tu papá, y el otro, de tu mamá. Cuando tu cuerpo se está formando, los genes se activan. Si el gen que te transmitió tu papá es más fuerte, entonces la parte del cuerpo que se está formando se parecerá a tu papá, pero si el gen de tu mamá se impone, se parecerá a tu mamá.

Cada uno de tus rasgos puede tomar una de dos formas: la del gen que aportó tu mamá o la del que aportó tu papá. Como no puedes tener la nariz abultada y respingada al mismo tiempo, una forma siempre dominará sobre la otra.

El gen de los ojos oscuros es dominante, por eso tengo ojos oscuros.

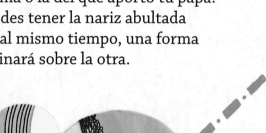

El gen del cabello rizado es más fuerte, por eso tengo el cabello rizado.

El gen de las pecas se impuso, así que tengo muchas pecas.

Como el gen de los hoyuelos es dominante, yo tengo hoyuelos.

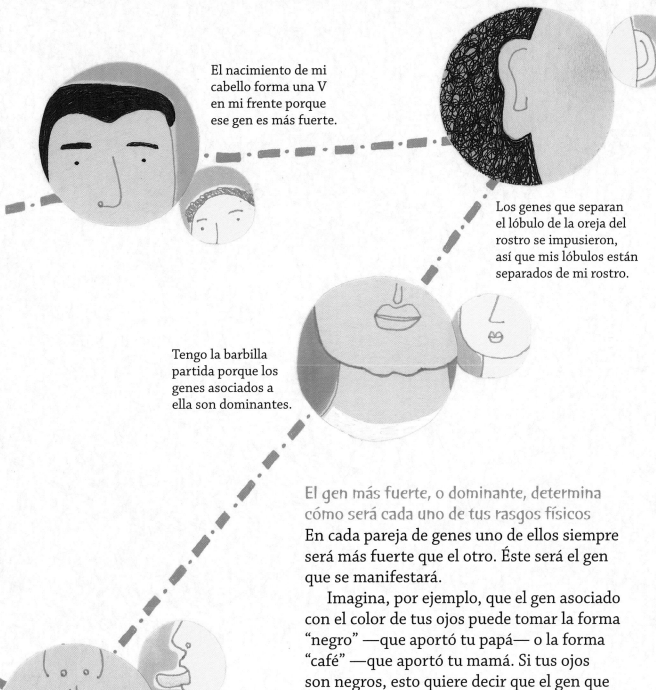

El nacimiento de mi cabello forma una V en mi frente porque ese gen es más fuerte.

Los genes que separan el lóbulo de la oreja del rostro se impusieron, así que mis lóbulos están separados de mi rostro.

Tengo la barbilla partida porque los genes asociados a ella son dominantes.

Puedo hacer "un taquito" con mi lengua porque el gen asociado a esta característica se impuso.

El gen más fuerte, o dominante, determina cómo será cada uno de tus rasgos físicos

En cada pareja de genes uno de ellos siempre será más fuerte que el otro. Éste será el gen que se manifestará.

Imagina, por ejemplo, que el gen asociado con el color de tus ojos puede tomar la forma "negro" —que aportó tu papá— o la forma "café" —que aportó tu mamá. Si tus ojos son negros, esto quiere decir que el gen que aportó tu papá es más fuerte y dominó sobre la forma que aportó tu mamá.

Por esa razón, una mitad de ti no es exactamente igual a tu papá ni la otra mitad es idéntica a tu mamá, pues tu aspecto depende de los genes dominantes asociados a cada uno de tus rasgos.

Cuando me miro en el espejo, veo mis ojos,
mi nariz y mis piernas. Si abro la boca muy
grande, puedo verme hasta la garganta. ¡Pero
no puedo ver mis genes!

¿En qué parte de mi cuerpo están los genes?

Los genes se encuentran en tus células

Tu cuerpo está formado por células. Son tan pequeñas, que es imposible apreciarlas a simple vista.

Los genes que definen las características de tu cuerpo están en el interior de tus células.

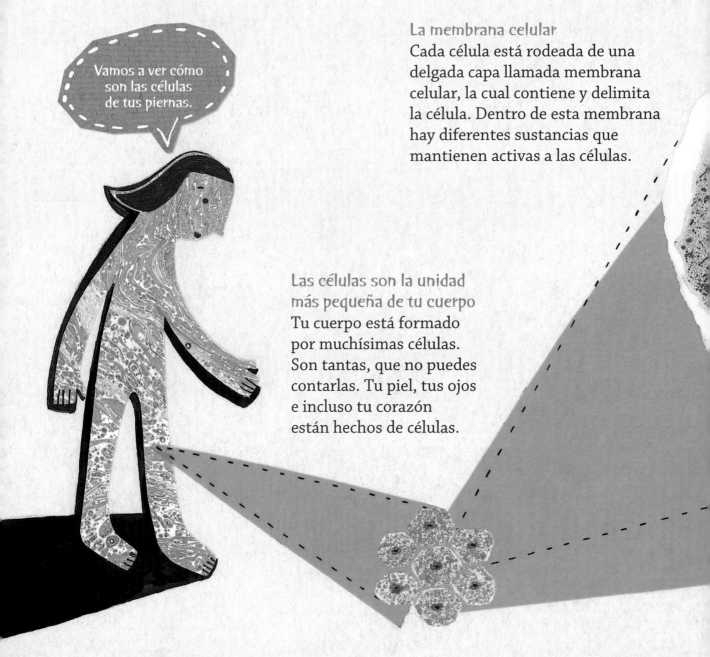

Vamos a ver cómo son las células de tus piernas.

La membrana celular

Cada célula está rodeada de una delgada capa llamada membrana celular, la cual contiene y delimita la célula. Dentro de esta membrana hay diferentes sustancias que mantienen activas a las células.

Las células son la unidad más pequeña de tu cuerpo

Tu cuerpo está formado por muchísimas células. Son tantas, que no puedes contarlas. Tu piel, tus ojos e incluso tu corazón están hechos de células.

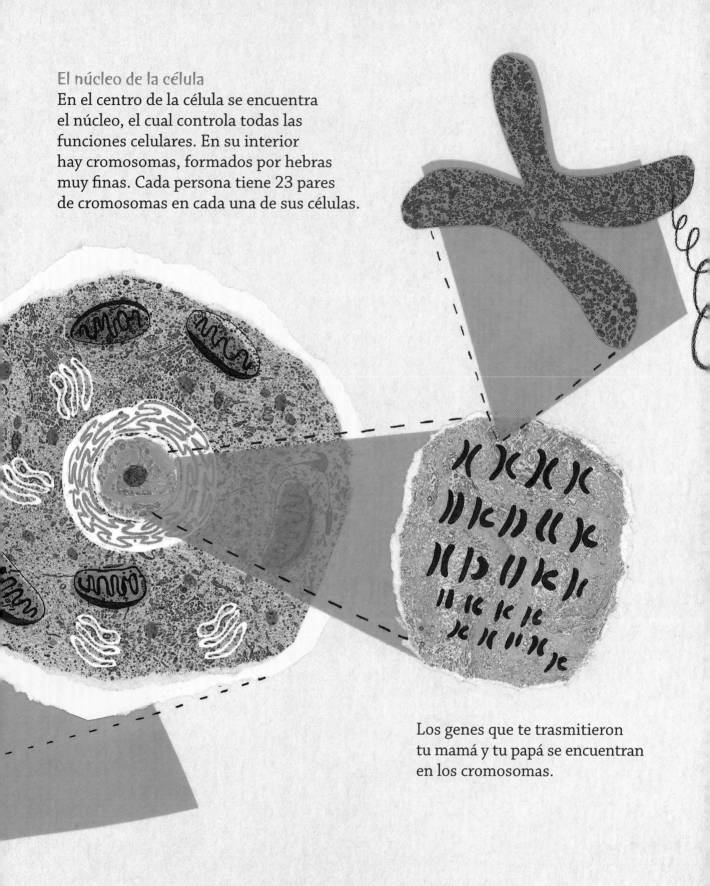

El núcleo de la célula

En el centro de la célula se encuentra el núcleo, el cual controla todas las funciones celulares. En su interior hay cromosomas, formados por hebras muy finas. Cada persona tiene 23 pares de cromosomas en cada una de sus células.

Los genes que te trasmitieron tu mamá y tu papá se encuentran en los cromosomas.

Ahora sé que mis genes se encuentran
dentro del núcleo de mis células, las cuales
son tan pequeñas que no puedo verlas por
más que abra los ojos.

Pero, ¿qué forma tendrán mis genes?
¿Son redondos como balones de futbol?
¿O largos y delgados como palillos chinos?

¿Cómo son los genes?

En los cromosomas está el ADN

Los cromosomas parecen hebras largas
y finas de hilo trenzado, las cuales están
hechas de una sustancia llamada ADN.

En el ADN están tus genes
¡y se ven así!
Si pudieras extender todo el
ADN que hay en una sola célula,
obtendrías una hebra que
mediría casi 2 metros de largo.
    En el interior del ADN
se encuentran los genes
que determinan tu aspecto.

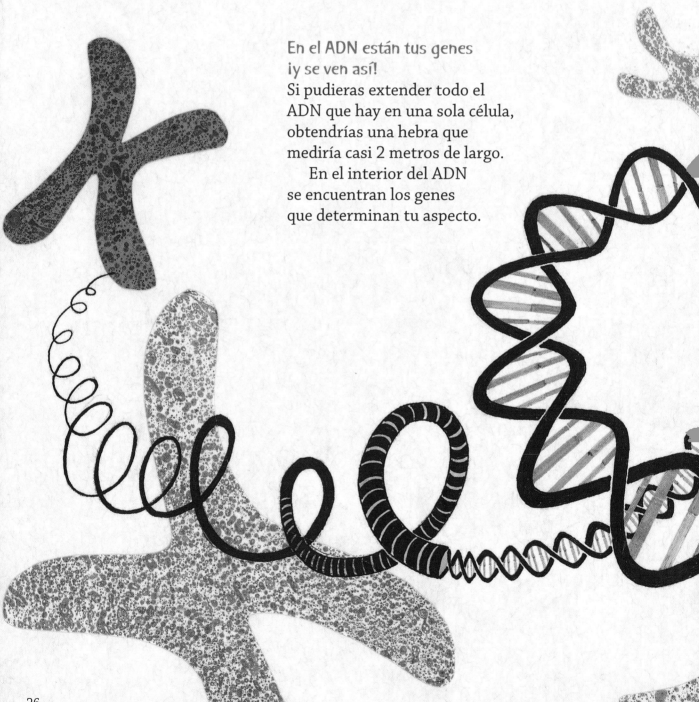

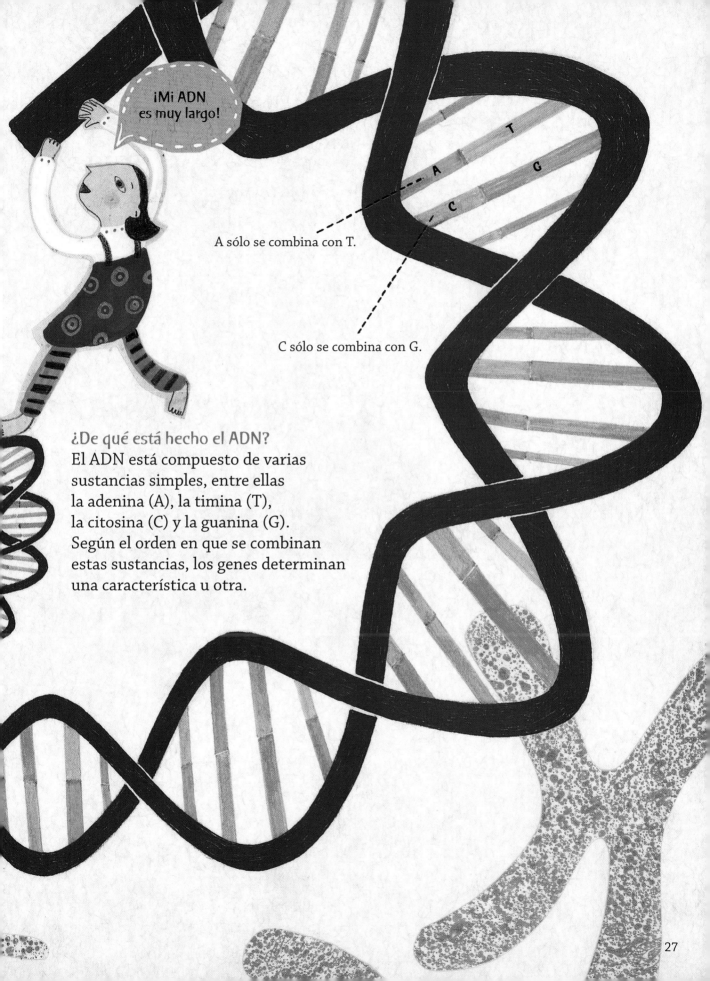

¡Mi ADN es muy largo!

A sólo se combina con T.

C sólo se combina con G.

¿De qué está hecho el ADN?
El ADN está compuesto de varias
sustancias simples, entre ellas
la adenina (A), la timina (T),
la citosina (C) y la guanina (G).
Según el orden en que se combinan
estas sustancias, los genes determinan
una característica u otra.

Los genes dan órdenes a las células

Además de determinar la apariencia del cuerpo, los genes también dan instrucciones a las células para que realicen varias funciones. Cuando los genes que se encuentran en el interior de la célula se comportan de cierta manera, la célula sigue las instrucciones que ellos le dictan.

Tu cuerpo está hecho de genes

El cigoto que resultó de la unión del espermatozoide de tu papá y del óvulo de tu mamá era una sola célula. Luego se dividió para dar origen a muchísimas células, las cuales conforman tu cuerpo.

Cada célula tiene los mismos genes que la original, pero ciertos genes se activan dependiendo de la parte del cuerpo en que se encuentre la célula. Por ejemplo, algunas células forman las manos y otras, las piernas.

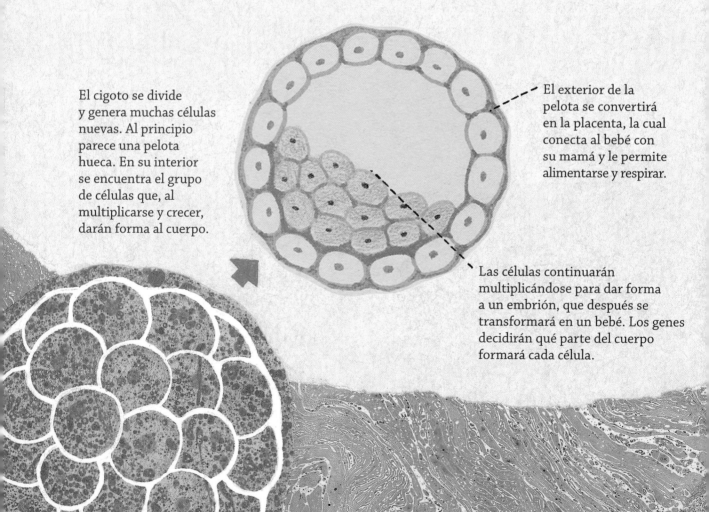

El cigoto se divide y genera muchas células nuevas. Al principio parece una pelota hueca. En su interior se encuentra el grupo de células que, al multiplicarse y crecer, darán forma al cuerpo.

El exterior de la pelota se convertirá en la placenta, la cual conecta al bebé con su mamá y le permite alimentarse y respirar.

Las células continuarán multiplicándose para dar forma a un embrión, que después se transformará en un bebé. Los genes decidirán qué parte del cuerpo formará cada célula.

Los genes determinan las funciones de las células

Las células de nuestro cuerpo tienen diferentes formas y funciones. Algunas transportan oxígeno y otras dan forma a los huesos. Los genes que están en el interior de todas las células son iguales, pero reaccionan de manera distinta dependiendo del tipo de célula en la que se encuentren. Por esta razón, las células de nuestro cuerpo desempeñan diferentes funciones.

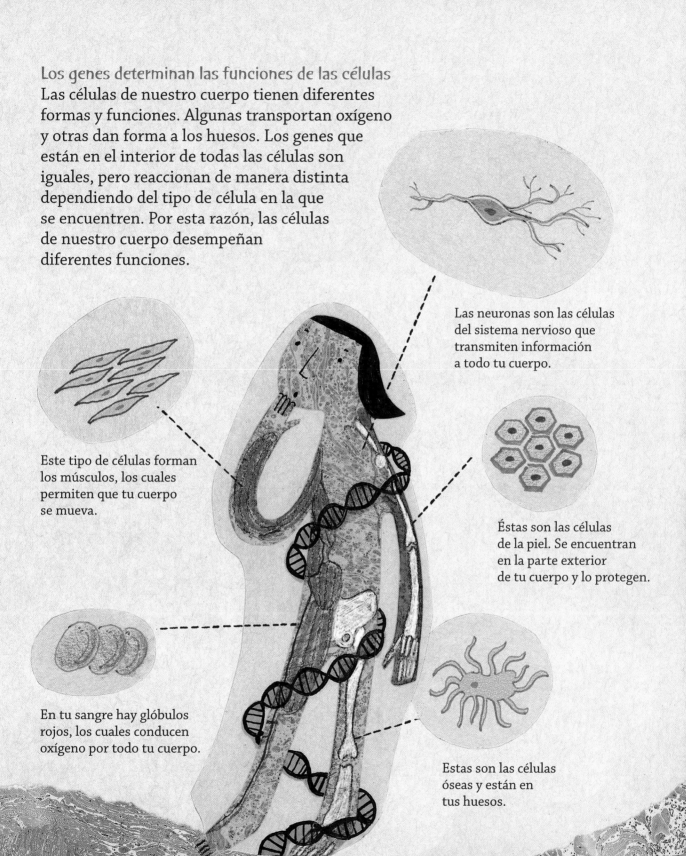

Las neuronas son las células del sistema nervioso que transmiten información a todo tu cuerpo.

Este tipo de células forman los músculos, los cuales permiten que tu cuerpo se mueva.

Éstas son las células de la piel. Se encuentran en la parte exterior de tu cuerpo y lo protegen.

En tu sangre hay glóbulos rojos, los cuales conducen oxígeno por todo tu cuerpo.

Estas son las células óseas y están en tus huesos.

Cuando como mi platillo favorito,
¿mis genes también se alimentan?
Y si crezco, ¿crecen junto conmigo?

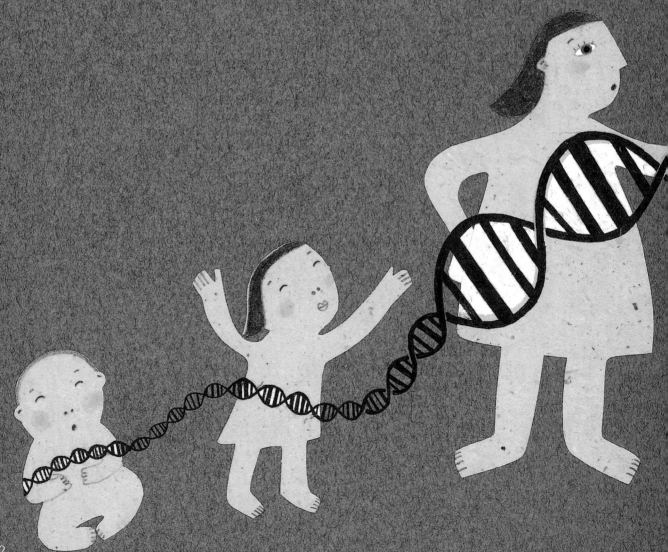

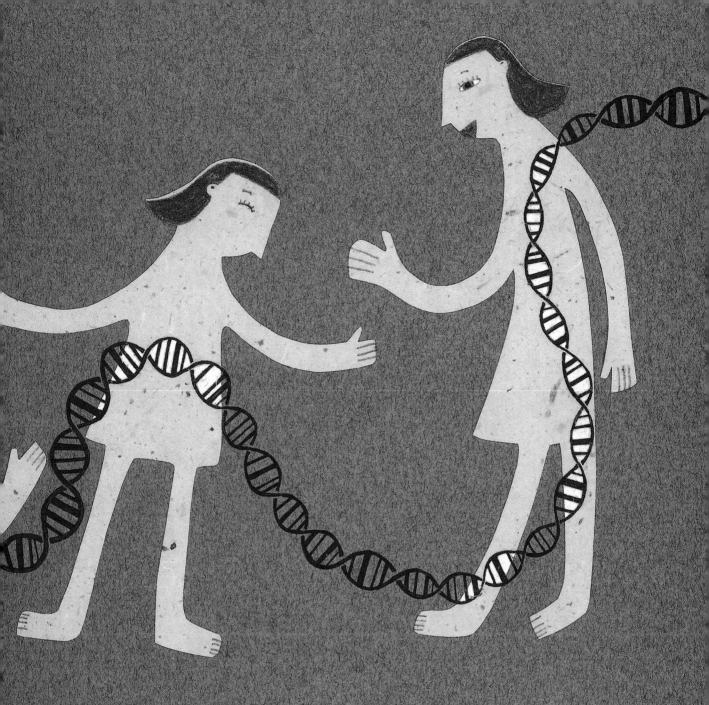

Si yo cambio, ¿mis genes también cambian?

Los genes casi nunca cambian

Cuando tu cuerpo genera células nuevas para reemplazar a las viejas, la información genética queda intacta. Los genes rara vez cambian a lo largo de la vida.

¿Cómo se reproducen los genes?
Aunque las células que conforman tu cuerpo mueren y se regeneran constantemente, los genes permanecen iguales. Cada célula nueva puede realizar la misma actividad que la célula anterior debido a que se reproducen de esta manera:

Ahora hay dos cadenas iguales de ADN.

Los genes permiten que la célula dé origen a otra célula exactamente igual a sí misma.

El ADN se abre en dos partes. Cada una de ellas sirve de base para formar una nueva cadena de ADN.

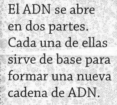

La célula se divide
por la mitad.

Ahora hay dos células iguales,
y ambas tienen exactamente
el mismo ADN. A pesar de
que hay una célula nueva, tu
cuerpo sigue siendo el mismo.

¿Por qué a veces cambian los genes?
Algunas condiciones ambientales dañinas,
como el exceso de luz solar o el humo del
cigarro, pueden provocar que tus genes
se deformen. Cuando esto sucede, el gen
dañado puede dar instrucciones erróneas
y generar células incorrectas, como las
células cancerosas.

Sin embargo, cada célula contiene una
sustancia que sirve para reparar los genes
dañados. Cuando un gen sufre un daño
irreparable, esta sustancia puede llegar a
destruir la célula para impedir que el gen se
reproduzca o dé instrucciones equivocadas.

¿Todos los seres vivos se parecen a sus padres?

El ser humano se parece a sus padres porque hereda el ADN de ambos. Con otros seres vivos sucede lo mismo.

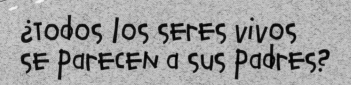

¿Los animales también se parecen a sus padres?

Reptiles

El espermatozoide del macho fecunda al óvulo en el cuerpo de la hembra.

La hembra pone huevos y el bebé reptil se desarrolla en su interior.

Las crías rompen el cascarón. ¡Son iguales a sus padres!

Peces

Las crías salen de los huevecillos. ¡Cómo se parecen a sus padres!

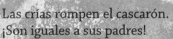

Los peces empiezan a desarrollarse dentro de los huevecillos.

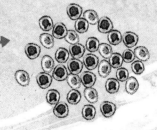

La hembra esparce la hueva —es decir, sus óvulos— en el agua. Luego, el macho esparce su semen sobre la hueva para fecundarla.

Mamíferos

El feto crece día a día
en el vientre de la hembra.

El macho y la hembra
copulan. El espermatozoide
fecunda al óvulo en el cuerpo
de la hembra.

La hembra da a luz a las crías,
que se parecen mucho a sus padres.

¿las plantas y los árboles
también se parecen a sus padres?

Plantas

Polen

Crece una planta
muy similar a la planta
que generó la semilla.

La semilla cae
en la tierra y germina.

Cuando el polen se
une al óvulo, se produce
una semilla.

Óvulo

¿Y las bacterias también
se parecen a sus padres?

El polen es transportado
del estambre al interior del
pistilo para unirse al óvulo.

El cromosoma
produce otro
idéntico.

Bacterias

Se origina una bacteria
idéntica a la original.

La bacteria
se divide.

Las bacterias no
tienen núcleo;
sólo cromosomas.

¡Arrestemos al criminal!

¡Ring, ring! Los detectives López, Sánchez y Gómez acaban de recibir una llamada. ¡La casa de la familia Martínez ha sido asaltada! Los tres detectives corren a la escena del crimen y arrestan a cuatro sospechosos. También recogen algunos objetos que pueden servir para identificar al criminal.

Yo encontré un guante que el criminal dejó en un charco. Por lo visto, el criminal debe de tener una mano bastante grande.

Detective Sánchez

¡Puaj! ¡Este zapato huele muy mal! Yo lo encontré. Es el zapato que el criminal dejó atrás. ¡A quien le quede bien será el culpable!

Detective López

Yo encontré un pelo. Una vez que lo analicemos, podremos saber quién es el criminal.

Detective Gómez

A todos los sospechosos les queda el guante, excepto a uno de ellos. El criminal no dejó huellas dactilares porque usó este guante. Y ahora, ¿cómo vamos a identificar al delincuente?

Con el zapato sucede lo mismo: es imposible identificar al criminal utilizando únicamente esta evidencia.

¡Un momento!
La huella dactilar es la impresión de las yemas del dedo. Las huellas dactilares de cada persona son únicas y sirven para identificarnos. Por lo tanto, si las analizáramos podríamos identificar al criminal. Pero el criminal usó guantes y no dejó ninguna huella.

¡Un momento!
El tamaño del pie puede servir como una pista para identificar al criminal, pero no basta para declararlo culpable.
Además, muchas personas calzan del mismo número.

¡Ya lo tengo! ¡El ADN de uno de los sospechosos es idéntico al ADN de este pelo! ¿Fuiste tú, verdad?

Resultados de la prueba de ADN de los sospechosos.

¡Un momento!
A excepción de los gemelos idénticos, todo el mundo tiene un ADN único. Por eso, si analizamos el pelo o los rastros de piel que el bandido dejó en la escena del crimen y lo comparamos con una muestra de pelo de cada uno de los sospechosos, podremos identificar al criminal.

¿QUIÉN ES EL CULPABLE?

ADN del pelo recogido en la escena del crimen.

¿Habrá alguien idéntico a mí?

En el mundo hay casi 7 mil millones de personas. Resulta casi imposible creer que, a menos que tengas un gemelo idéntico, no haya ninguna persona que sea exactamente igual a ti. La razón es que cada quien tiene su propio ADN.

Naturalmente, hay muchas personas que se parecen a ti, como tus hermanos, tus padres e incluso tus abuelos, tíos y primos. La causa de esta semejanza es que su ADN, aunque no es idéntico, comparte ciertas características con el tuyo.

El ADN de tus abuelos fue heredado a tu padre y a tu madre, y tus padres, a su vez, te lo heredaron a ti. Cuando seas grande, tú transmitirás esta información genética a tus hijos.

Observa a cada miembro de tu familia. Seguramente ahora podrás encontrar muchas semejanzas entre ellos y tú, aunque esto no signifique que dejes de ser único en el mundo.

El criminal es el hombre de cabello largo
que lleva puesto un abrigo a rayas.

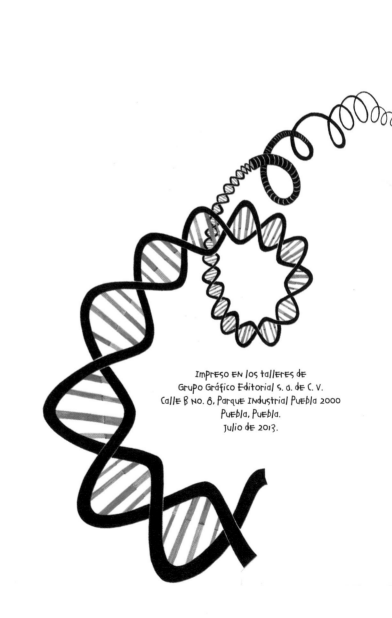

Impreso en los talleres de
Grupo Gráfico Editorial S. a. de C. V.
Calle B no. 8, Parque Industrial Puebla 2000
Puebla, Puebla.
Julio de 2013.